L'OBÉLISQUE
DE
LOUQSOR
à Cherbourg.

NOTICE RÉDIGÉE D'APRÈS LES RENSEIGNEMENS

DE M. JAURÈS,

Lieutenant de Frégate, Officier du Louqsor,

PAR A. DE BERRUYER,

Rédacteur en Chef du Journal de Cherbourg et du
Département de la Manche.

1833.

CHERBOURG, BOULANGER, IMP.-LIB.

L'Obélisque
de
LOUQSOR
A CHERBOURG.

> « C'est une belle campagne, Monsieur, que vous venez de faire là ! C'est une belle campagne !... »
>
> (M. le contre-amiral Hamelin à M. de Verninac.)

C'est le 12 août 1833, au matin, que le *Louqsor* et le *Sphinx* ont paru sur la Rade de Cherbourg.

Le même jour, ces deux bâtimens sont entrés dans le premier bassin du *Port Militaire* et se sont rangés le long du quai nord, le *Louqsor* en tête.

Le *Louqsor* a été construit dans le port de Toulon pendant l'expédition d'Alger. Il fut armé au mois d'août 1830. Ce navire est à fond plat, afin qu'il tire le moins d'eau possible. Il a cinq quilles qui correspondent dans l'intérieur à cinq *carlingues*. Son tirant d'eau avait été calculé à six pieds, chargé de l'Obélisque. Sa longueur est de quarante-deux mètres; sa largeur, de huit.

Ses officiers sont: M. de Verninac de Saint-Maur, lieutenant de vaisseau, commandant; M. de Joannis, lieutenant de vaisseau, second; et MM. Le Vavasseur, Blanc et Jaurès, lieutenants de frégate.

M. Angelin, chirurgien de 2.ᵉ classe; M. Silvestre, commis d'administration.

M. Le Bas, ancien élève de l'école polytechnique, ingénieur de la marine de 2.ᵉ classe, a été chargé par le gouvernement de diriger l'abattage et l'embarquement de l'Obélisque.

Le *Sphinx*, l'un des plus beaux bâtimens à vapeur que l'on connaisse, est commandé par M. Sarlat, lieutenant de vaisseau. Il est arrivé à Alexandrie au mois d'août 1832, pour y attendre le *Louqsor* et le remorquer jusqu'au Havre. Il a filé quatre nœuds et demi par beau tems, en remorquant le *Louqsor*.

Voici l'itinéraire de ces deux navires, depuis leur départ d'Alexandrie le 1.er avril 1833 : d'Alexandrie à Rhodes, (relâche à cause de vents contraires). — De Rhodes à Marmoriza, en Caramanie.—De Marmoriza à Milo.—De Milo à Navarin.—De Navarin à Zante, (pour prendre du charbon de terre pour le Sphinx).—De Zante à Corfou, (charbon de terre).—De Corfou à Toulon, en passant par le phare de Messine. — Arrivés à Toulon le 10 mai, vingt jours de quarantaine et passés au bassin. — Partis de Toulon le 22 juin. — Le 29 à Gibraltar, (charbon).—De Gibraltar à Lagos.— De Lagos à la Corogne ; retenus dix-sept jours de suite par les vents de Nord-Est. — Partis de la Corogne le 5 août, arrivés à Cherbourg le 12.

L'Obélisque dit *de Louqsor*, du nom d'un village de l'ancienne Thèbes, est couché dans la cale du bâtiment, de l'avant à l'arrière, reposant sur trois carlingues. On ne peut voir que sa base et son sommet ; tout le reste est couvert d'un revêtement en planches : c'est, suivant les expressions de M. Méry, « comme une gigan-
» tesque momie de granit dont on ne dis-
» tingue que la tête et les pieds. » *

Il a la forme d'une pyramide quadrangulaire et se termine par un pyramidion. Sa longueur est de vingt-trois mètres ; sa largeur à la base est d'un mètre quarante-trois centimètres, et au sommet, d'un mètre cinquante centimètres. Il pèse, avec le revêtement, 250 tonneaux ; ce qui équivaut à 500,000 livres.

Les faces de l'*Obélisque*, parfaitement polies, sont couvertes de hiéroglyphes très-bien conservés. C'est, à ce qu'on croit,

* **Revue de Paris**, du 30 Juin 1833.

le récit d'une expédition de Rhamsès II, et une dédicace aux dieux du pays.

A la base, sont encore des caractères hiéroglyphiques, exprimant le nom de Rhamsès II. On remarque en cette partie une *fente*, dont l'existence date de l'érection du monument, en l'an 1800 avant Jésus-Christ, comme le prouvent les deux *queues d'aronde* qui y étaient appliquées et que M. Le Bas a été obligé de remplacer par deux nouvelles, de la même forme.

Dans une suite de dessins, les officiers du *Louqsor* ont représenté les différentes opérations auxquelles ils ont dû se livrer pour abattre l'Obélisque et l'embarquer.

En outre de l'Obélisque, le *Louqsor* apporte en France deux superbes vautours vivants, des caisses contenant tous les oiseaux, poissons et insectes de l'Egypte, et enfin un sarcophage royal du plus grand intérêt.

Ce sarcophage, du plus beau basalte vert, est couvert, intérieurement et extérieurement, d'inscriptions hiéroglyphiques et de sculptures. Il a été trouvé sur le territoire de Thèbes, derrière le Rhamesséum palais de Sésostris, et au fond d'un puits funéraire, de 125 pieds de profondeur. Il fut la sépulture de la reine *Onkh-Nas*, femme d'Amasis et fille de Psamméticus II.

Des observations recueillies sur les lieux par MM. de Verninac et Le Bas, il résulte, 1.° que le puits funéraire de la reine avait été violé très anciennement ; 2.° que le sarcophage avait été ouvert ; 3.° que la momie en avait été arrachée ; 4.° qu'elle avait été *brûlée* près du sarcophage ; 5.° et qu'on a recueilli dans les débris des os *charbonnés*, dont quelques-uns sont encore *doués*.

« Tout cela signifie, dit M. Champollion-
» Figeac, que lorsque Cambyse alla à Thè-
» bes pour diriger son expédition militaire
» contre les Ammoniens et les Éthiopiens,
» aux ravages dont il affligea cette capitale
» de l'Égypte, il ajouta d'autres excès ; qu'à
» Thèbes, comme il le fit à Memphis, selon

» le rapport d'Hérodote, il viola aussi les
» tombeaux, voulant voir les corps qu'ils
» renfermaient ; qu'il s'attacha particulière-
» ment à celui de la femme d'Amasis, vou-
» lut aussi voir sa momie, lui prodigua les
» mêmes outrages qu'à celle d'Amasis, et la
» fit également brûler. Voilà un supplément
» authentique au troisième livre d'Hérodote
» et au récit de Diodore de Sicile, en ce
» qu'ils disent l'un et l'autre des actions de
» Cambyse maître de l'Égypte, et dont la
» fureur s'exerça à la fois sur les morts et
» sur les vivants, à Thèbes comme à Mem-
» phis ; et à l'appui de cette assertion, vient
» directement cette autre circonstance cons-
» tatée également par MM. de Verninac et
» Le Bas : c'est que les chambres du tom-
» beau violé avaient été soigneusement et
» très anciennement refermées avec de gros-
» ses pierres, ainsi que l'ouverture du puits
» funéraire, réparations pieuses qui ne peu-
» vent être attribuées ni aux hommes de
» Cambyse, ni aux fouilleurs modernes ; elles
» doivent être l'ouvrage des princes des 28.°
» et 29.° dynasties égyptiennes qui régné-

» rent malgré les Perses, et rétablirent au-
» tant qu'elles le purent, les honneurs des
» dieux de la patrie et des princes leurs
» ancêtres. Les monumens de Thèbes même
» conservent encore des témoignages de
» leur piété.

. . . .

« Notre sarcophage est donc un ou-
» vrage du VI.ᵉ siècle avant l'ère chré-
» tienne. C'est un monument éminemment
» historique, et une conquête nouvelle du
» plus haut intérêt pour les études archéo-
» logiques. Il mérite l'attention du monde
» savant, et l'on doit désirer que le gou-
» vernement veuille bien en faire l'acqui-
» sition. » (*)

(*) Moniteur du 25 juillet 1832.

Auguste, Caligula et Constance, firent transporter à Rome plusieurs des obélisques égyptiens. Théodose en fit placer un à Constantinople.

M. Denon semble être en France un des premiers qui aient émis l'idée d'enlever à l'Égypte, pour les apporter à Paris, les *Obélisques de Louqsor*.

En 1828, M. Champollion le jeune, dont les sciences et les lettres déplorent la perte récente, ayant été envoyé en Égypte par le gouvernement français, pria M. Mimaut, consul-général, de demander au Pacha, de la part du Roi de France, les deux Obélisques élevés à l'entrée du principal temple de Thèbes. Méhémet-Ali s'empressa de les accorder; de plus, il y joignit un de ceux de la Basse-Égypte, connus sous le nom d'*Aiguilles de Cléopâtre*.

C'était reconnaître dignement les nombreux services qu'il avait reçus de la France.

« En effet, dit M. Ch. Dupin, si Méhé-
» met-Ali possède une armée régulière,
» disciplinée selon la tactique européenne,
» c'est à des officiers français qu'il doit cette
» création et les conquêtes qu'a déjà faites
» cette armée. S'il possède une marine qui
» compte aujourd'hui des frégates et même
» des vaisseaux de premier rang, c'est à la
» création de l'arsenal d'Alexandrie, par un
» ingénieur français qu'il doit cette force
» navale, plus étonnante encore et plus dif-
» ficile à produire que l'innovation de son
» armée de terre. Enfin, lorsque Méhémet-
» Ali voulut que les fils des principaux offi-
» ciers attachés à son gouvernement fussent
» initiés à la connaissance des arts et des
» sciences, sur lesquels repose la puissance de
» la civilisation moderne, c'est à la France,
» à la capitale, et sous la direction savante
» d'un membre de l'Institut, qu'il a confié
» la jeunesse sur laquelle il fonde ses espé-
» rances pour l'avenir de l'Égypte. »

* Annales maritimes et coloniales.

De retour à Paris, M. Champollion sollicita du gouvernement le transport des Obélisques donnés par le Pacha. Il ne s'agissait que de s'entendre sur les moyens à employer pour le transport. On consulta d'abord les officiers de la marine française attachés au service égyptic. Sur la demande de M. A. Delaborde, M. Besson, directeur de l'arsenal d'Alexandrie, proposa de construire un énorme radeau, sur lequel on ferait descendre les Obélisques depuis Thèbes jusqu'à la mer, et que remorquerait ensuite, soit un bateau à vapeur soit tout autre bâtiment.

Ce projet fut soumis à une commission spéciale, composée de MM. Tupinier, de Mackau, Biet, Delaborde et de Livron, qui le rejeta.

Alors, on se décida à construire, à Toulon même, un bâtiment de transport auquel on donna le nom de *Louqsor*, qui est celui du village où se trouvaient les deux Obélisques, village qui s'élève, ainsi que nous l'avons déjà dit, sur les ruines de l'ancienne Thèbes.

Ce navire, armé au mois d'août 1830, partit de Toulon le 13 avril 1831 et arriva à Alexandrie après 18 jours d'une traversée très-heureuse.

Le *Louqsor* employa le mois de mai et la première quinzaine de juin à débarquer tout son matériel, qui fut mis sur des *djermes* (espèce de bâtimens du pays), lesquels partirent d'Alexandrie avec M. Le Bas, le 14 juin. Le *Louqsor* ne partit, lui, que le 17, et s'étant *toué* hors des passes, il fut pris à la remorque par le brick le *Dassas*. Le même soir, il parvint sur la barre de Rosette, qu'il franchit le lendemain, à dix heures du matin, non sans avoir *talonné* plusieurs fois.

A son arrivée à Rosette, il trouva M. Le Bas qui avait déjà déchargé ses *djermes* de tout le matériel, pour le rembarquer sur des *agabas* (bateaux plats du pays). Cet ingénieur, voyant que le bâtiment resterait quelque tems à Rosette pour attendre la crue du Nil, se décida à partir sans délai avec ses ouvriers et douze matelots, commandés par M. Jaurès, afin de commencer les travaux et de creuser, avant la crue du Nil, le canal où devait s'échouer le *Louqsor*.

De Rosette au Caire, la navigation de la flotille fut très-heureuse, à cela près, qu'un des *agabas* fit perdre un ou deux jours, en s'obstinant à rester toujours en arrière.

Au Caire, MM. Le Bas et Jaurès allèrent faire une visite à Babil-Effendi, gouverneur, qui les reçut fort bien et leur donna une lettre pour le commandant du port, afin que l'on changeât l'*agaba* dont ils avaient eu à se plaindre.

Il leur donna aussi quatre *cawas* ou *janissaires* du Pacha, pour veiller à ce que rien ne retardât la navigation de la flotille.

Deux jours furent employés à décharger les *agabas*, ensuite on s'éloigna du Caire.

Le 11 juillet, la flotille jeta l'ancre devant le village de *Louqsor*.

La première chose que l'on fit fut de déblayer les Obélisques et de niveler le terrain. Trois cents Arabes s'occupèrent de creuser le canal qui devait recevoir le bâtiment, et M. Le Bas commença sur le champ le revêtement de l'Obélisque ouest, qu'il choisit de préférence, comme le mieux conservé et le plus à proximité du Nil.

Pendant que ces travaux s'exécutaient, le *Louqsor* avait quitté Rosette. Arrivé le 17 au Caire, il changea ses pilotes, et repartit le 19. Dès le 25, il était à Siout, capitale de la Haute-Égypte, où il reçut la visite de Schérif-Bey, ministre du Pacha. Il arriva le 15 août à *Louqsor*, et entra le même jour dans le canal qui lui avait été préparé.

Rien ne peut donner une idée des fatigues de tous genres que l'équipage eut à supporter dans le trajet de Siout à Thèbes. Il a travaillé jusqu'à trois jours de suite pour avancer d'une demi-lieue, sous une chaleur de 50 à 60 degrés. Cordages, embarcations, tout a été brisé, et, au dernier coude du fleuve, à cinq lieues de Thèbes, il ne restait plus qu'un seul canot qui tint l'eau et deux cordages appelés *aussières*, presque réduits en étoupes.

On s'empressa de déblayer la partie sud du temple de Louqsor, pour y loger l'équipage, et d'augmenter la maison construite au-dessus, pour qu'elle pût recevoir l'état-major. Ainsi, les uns et les autres se trouvèrent réunis sur un même point, avantage immense dans un pays tel que celui-là.

Il fallut d'abord pratiquer un chemin ou *plan incliné*, depuis l'Obélisque jusqu'au navire, ce que l'on fit, en tranchant deux monticules d'antiques décombres, et en démolissant une file de maisons modernes qui se trouvaient sur la route.

Trois cents hommes ont travaillé à ces tranchées pendant trois mois.

C'est alors que, comme pour compliquer encore davantage la situation des officiers du *Louqsor*, le choléra-morbus éclata dans la Haute-Égypte.

Cette maladie fit d'affreux ravages parmi les naturels du pays, mais n'atteignit que dix matelots français, dont, grâce aux soins de M. Angelin, chirurgien de l'expédition, pas un seul ne succomba.

Pour abattre l'Obélisque, armé de son revêtement, M. Le Bas s'y prit de la manière suivante :

Il imagina deux systèmes d'apparaux, agissant sur le sommet du monument, l'un tendant à l'attirer vers la terre, et l'autre, à diminuer la rapidité du mouvement.

Le premier système se composait de trois *cabestans* et d'autant de *moufles** attachés

---

* Ce sont des poulies à plusieurs rouets et liées entr'elles par une corde qui vient passer dans les rouets.

d'un côté à un point fixe et de l'autre à un *cable d'abattage*.

Le second, consistait en huit *bigues* ou pièces de mâture, liées invariablement par une de leurs extrémités, au moyen de cordages, avec le sommet de l'Obélisque, tandis que l'autre entrait à *tenons* dans une forte poutre, qui pouvait tourner dans l'angle d'une plate-forme. A la première extrémité, se trouvaient fixés des *moufles* qui, au moment où l'Obélisque s'abattait, empêchaient les *bigues* de s'élever avec trop de vitesse, et ralentissaient par conséquent la chute du monolythe, qui, abandonné à lui-même, aurait pu se briser.

L'Obélisque a été abattu en 25 minutes, en présence du gouverneur de la province et de quelques voyageurs anglais.

Cette opération, qui fait tant d'honneur à M. Le Bas, a donné lieu à un rapport de M. Ch. Dupin à l'Académie des Sciences. Il se termine ainsi :

« Je ne crains pas de présenter l'abat-
» tage de cet Obélisque, tel que M. Le
» Bas l'a mis en exécution, comme étant
» digne à tous égards du prix de méca-
» nique proposé par M. De Monthyon.

» J'avoue qu'à ma connaissance, aucune
» opération, aucune invention de méca-
» nique ne saurait vous être présentée pour
» l'année 1831, et disputer le prix avec
» celle que je viens de décrire ».

Tous les travaux relatifs à l'abattage de
l'Obélisque étant terminés, on employa
vingt-cinq jours à le traîner auprès du
bâtiment. Pendant ce tems, les charpen-
tiers avaient scié l'avant du navire qui,
ayant été mis de côté, permit à l'Obélisque d'entrer dans l'emplacement qu'on lui
avait préparé.

Cette opération dura deux heures.

Il ne restait plus qu'à refermer le navire
et à attendre que la crue du Nil vint le *dé-
chouer*. Enfin le premier août, les eaux

commencèrent à baigner la carène échouée du *Louqsor*, et le vingt-neuf, il fut à flot, prêt à descendre le Nil. Mais les péniches, qui se trouvaient pourtant depuis deux mois à Alexandrie, se firent attendre vainement pendant huit jours. M. de Verninac se décida à partir sans ces embarcations, au risque de tous les dangers qu'il aurait eus à courir, si le navire avait échoué.

Heureusement, le second jour de la navigation, le *Louqsor* les rencontra à la hauteur de Gamoulé. Il parvint au Caire le 23 septembre et y resta deux jours, pour prendre du biscuit et changer ses pilotes.

En arrivant à Rosette, le 1.er octobre, la barre, qui pendant quelques jours avait eu assez de profondeur pour qu'on tentât de la franchir, s'était tout-à-coup refermée.

Cet événement était d'autant plus contrariant que l'on serait arrivé à tems, sans les huit jours perdus à attendre les péniches à

Louqsor. Le navire mouilla devant la barre, après avoir débarqué son lest et tous ses vivres. Il resta ainsi trois mois, jetant continuellement la sonde ; enfin, la mauvaise saison le força de quitter l'embouchure du fleuve, où il n'était pas en sûreté contre les vents du nord, et de remonter à Rosette.

Il était depuis quinze jours dans ce port, attendant patiemment que les *chameaux* (bateaux plats), que l'on construisait à Alexandrie fussent terminés, lorsqu'un coup de vent, des plus violents, bouleversa la barre et ouvrit un nouveau *chenal*.

En deux jours le *Louqsor* fut réarmé, et, le premier janvier 1833, il franchit la barre de Rosette, après cinq grandes heures passées à *talonner* sur les bancs de sable dont elle est parsemée. Le *Sphinx*, qui l'attendait au large, le prit à la remorque, et le lendemain les deux bâtimens mouillèrent devant Alexandrie. Ils passèrent l'hiver dans cette position, et, dès que la belle saison parut, ils firent voiles pour la France.

Nous avons tracé au commencement de cet écrit leur itinéraire depuis le départ d'Alexandrie le 1.er avril.

Ils doivent partir de Cherbourg dans les premiers jours de septembre et se rendre à Rouen; là, le *Sphinx* se séparera du *Louqsor*, qui remontera seul la Seine jusqu'à Paris, où une cale de débarquement aura été préparée.

L'Obélisque sera extrait du bâtiment, comme il y a été introduit, puis, on le placera sur le piédestal élevé au centre de la place de la Concorde, piédestal, destiné primitivement à recevoir un groupe votif et expiatoire à la mémoire de Louis XVI, par M. Cortot.

C'est encore M. Le Bas qui doit diriger ce travail.

Napoléon, qui aimait aussi les grandes choses, eut un moment l'idée d'enrichir d'Obélisques la capitale de son empire. Il existe un décret daté du camp de Schœnbrunn, le 15 août 1809, qui ordonne l'érection, sur l'éperon du Pont-Neuf, d'un Obélisque en *granit de Cherbourg*, de 180 pieds de haut, non compris le piédestal et le soubassement.

Cet Obélisque devait être terminé en 1814.

M. Le Père, architecte, a construit le soubassement sous la direction de M. Denon.

C'est aujourd'hui la base de la Statue de Henri IV.

Cherbourg, le 24 août 1833.

www.ingramcontent.com/pod-product-compliance
Lightning Source LLC
Chambersburg PA
CBHW060929050426
42453CB00010B/1922